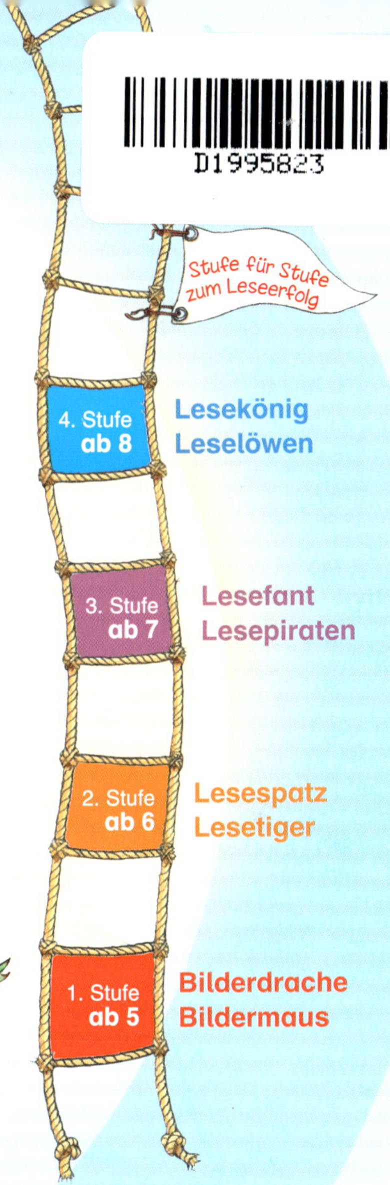

10 Jahre Loewe Leseleiter

Das Erfolgskonzept zum Lesenlernen

Bibliografische Information Der Deutschen Bibliothek
Die Deutsche Bibliothek verzeichnet diese Publikation in der Deutschen Nationalbibliografie; detaillierte bibliografische Daten sind im Internet über *http://dnb.ddb.de* abrufbar.

Der Umwelt zuliebe ist dieses Buch auf chlorfrei gebleichtem Papier gedruckt.

ISBN 3-7855-5307-2 – 1. Auflage 2005

Als Einzelbände bereits beim Verlag erschienen:
Bildermaus-Geschichten vom kleinen Delfin,
Lesefrosch – Spiel mit mir, kleiner Delfin
Umschlagillustrationen: Sabine Kraushaar und Irmgard Paule
Reihenlogos: Angelika Stubner
Reihengestaltung: Andreas Henze
Gesamtherstellung: L.E.G.O. S.p.A., Vicenza
Printed in Italy

www.loewe-verlag.de

Udo Richard • Irmgard Paule

BILDERDRACHE

Spiel mit mir, kleiner Delfin

Inhalt

Weit und breit kein Delfin . . 6
Sagenhafte Kunststücke . . . 14
Und was spielen wir jetzt? . . 22

Loewe

Weit und breit kein Delfin

Ein weißes  tuckert gemütlich über das . Die  scheint, und bunte  flattern im .

Aber Paul langweilt sich! Denn eigentlich ist er ja hier, um  zu beobachten. Er hat deswegen auch extra seinen  mitgenommen.

Aber nun fährt das  schon

so lange zwischen den  hin

und her. Und wo sind die ?

Nirgends! Weit und breit keine 

von ihnen! Paul lehnt sich über

die . Da schwimmt doch etwas!

Schnell nimmt er seinen 

in die 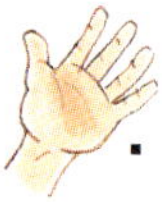. Aber es sind nur .

„!“, knurrt Paul. Schlecht gelaunt

trottet er über das . Mama und

Papa sitzen an einem 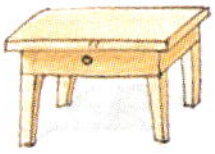 und

unterhalten sich mit anderen .

Sie wollen nicht gestört werden.

Auch  spielen mit Lisa darf er nicht. Dazu ist es zu voll auf dem . Und jetzt spielt Lisa in einer  alleine mit ihrem  und gibt ihn nicht her.

Paul zieht seine rote  tief

in die  und will niemanden

mehr sehen. Dann läuft er zur .

„Vielleicht gibt es hier gar keine “,

denkt er und starrt missmutig

in das weite, weite .

Plötzlich sieht er doch etwas. Paul reckt den  und kneift die  zusammen. Ist das etwa eine ? Tatsächlich! Ein kleiner  nähert sich dem . Er streckt neugierig den  aus den .

Paul schaut sich um. „He, Lisa,

komm mal schnell!“, ruft er

aufgeregt. „Hier ist ein  !“

Wie der  ist Lisa bei Paul.

Und wenig später drängeln

sich auch Mama, Papa und

die anderen  an der .

Endlich gibt es  zu sehen!

Sagenhafte Kunststücke

Der  schwimmt neben dem  her. Mal reitet er auf der großen  vor dem , mal springt er hoch hinaus und taucht dann elegant wieder in das  ein. Und da – jetzt springt er wieder und dreht sich wie ein  um sich selbst!

Dann taucht er wieder in die 

ein, dass die  nur so spritzen.

Paul lehnt sich weit über die .

Er will ganz viele  von dem 

machen. Plötzlich reißt der 

Paul die  vom .

„He! Meine  !“, ruft Paul und streckt seine 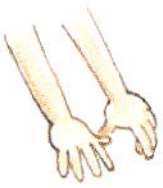 nach ihr aus. Aber die  schwimmt schon längst auf den . Der kleine  hat alles genau beobachtet. Er taucht unter – und dann mit der  wieder auf.

Sie sitzt genau auf seinem ,

mit dem  nach hinten. „Cool!“,

rufen Paul und Lisa und lachen.

So lustig sieht der  mit der 

aus! Nun nimmt der kleine 

die  in den .

Wie ein  im  schleudert

er sie nach oben und fängt sie

wieder auf. Immer wieder fliegt

die  hoch zu den .

Der  läuft auf der 

über die  oder dreht sich

wie ein  um sich selbst. Aber

die  fängt er immer wieder auf.

Die  auf dem  klatschen

begeistert in die 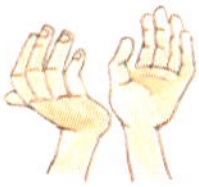.

Schließlich hat der kleine 

genug. Er springt hoch und

klatscht die  mit der  zurück

aufs , direkt vor Pauls 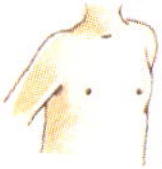.

Paul steht mit offenem 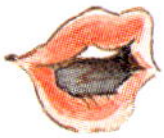 da, und

auch die anderen  staunen.

„Hast du das gesehen?“ und

„Potz  !“, rufen sie. Und was

macht der kleine  ? Er reißt

seinen  auf und lacht.

Und was spielen wir jetzt?

Erwartungsvoll schaut der kleine  hoch zum . Lisa knufft Paul mit dem 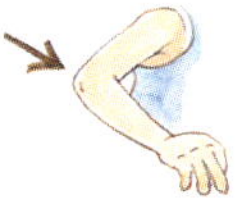 in den . Verstohlen zeigt sie ihm ihren kleinen gelben . „Soll ich ihn ins  werfen?“, flüstert sie. „Au ja!“, sagt Paul leise.

Und schon wirft Lisa den 

über die . Der  freut sich.

Er quietscht fröhlich wie ein

kleines . Schnell nimmt er

den  in den  und schleudert

ihn zurück aufs .

Geschickt fängt Lisa ihn auf.

Und schon ist der  wieder

auf dem  zum .

So geht es hin und her.

Mal fängt Lisa den , mal Paul.

Mama und Papa schauen lächelnd

zu. Sie knipsen mit Pauls 

ein  nach dem anderen.

Paul und Lisa jubeln. Es ist

so lustig, mit dem  zu spielen!

Am liebsten würden sie gar nicht

mehr aufhören. Doch plötzlich

hält der kleine  inne.

Er scheint zu lauschen. Dann wirft

er den  zurück aufs .

Er schnattert und nickt mit

dem , als wollte er sich

verabschieden. Dann schwimmt

er langsam davon.

„Wie schade“, rufen die 

enttäuscht. „Seid nicht traurig“,

sagt ein  zu Lisa und Paul.

Es ist der . „Ihr könnt froh sein,

dass der  so zutraulich mit

euch gespielt hat. So etwas tut ein

wilder  nämlich nur ganz selten.

Bestimmt haben die anderen 

ihn jetzt zurückgerufen.“ Die 

schauen wieder aufs  hinaus.

Sie heben die 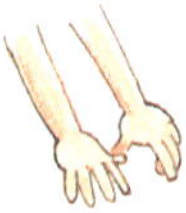 und winken.

„Leb wohl, kleiner !“, ruft Lisa.

„Und danke, dass du mit uns

gespielt hast!“, ruft Paul.

Die beiden schauen so lange

aufs  hinaus, bis nichts mehr

von dem kleinen  zu sehen ist.

Und Paul weiß eines ganz sicher:

Das schönste  von dem

kleinen  wird er sich zu 

über sein 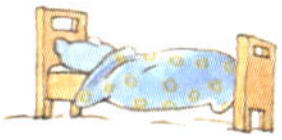 hängen.

Die Wörter zu den Bildern:

Schiff

Meer

Sonne

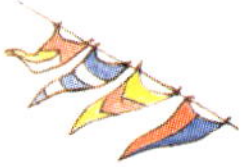
Fahnen

Wind

Delfine

Fotoapparat

Inseln

Spur

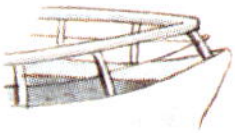
Reling

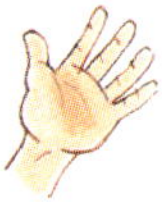
Hand

Fische

Mist

Tisch

Leute

Fußball

Ecke

Ball

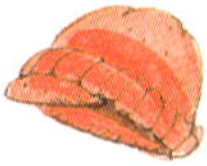
Mütze

Augen

Kopf

Rückenflosse

Wellen

Blitz

Bug

Kreisel

Tropfen

Fotos

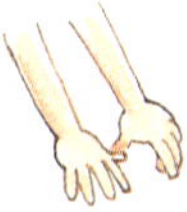
Arme

Schirm

Schnabel

Seehund

Zirkus

Wolken

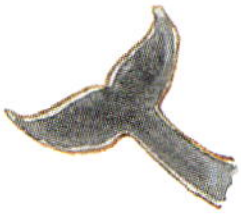
Schwanzflosse

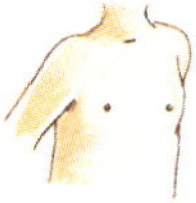
Brust

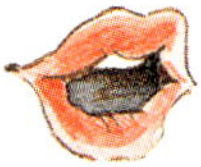
Mund

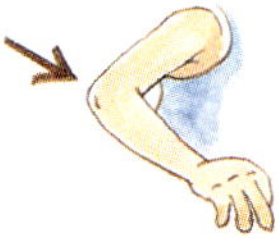
Ellenbogen

Bauch

Ferkel

Weg

Kinder

Mann

Kapitän

Bild

Haus

Bett

Udo Richard wurde 1966 in Halle/Westf. geboren. An den Universitäten Bamberg und Columbia, S.C., studierte er Germanistik mit den Schwerpunkten Literaturwissenschaft und Literaturvermittlung. Danach arbeitete er mehrere Jahre in der Redaktion eines großen Kinderbuchverlags. Seit Mitte 1999 schreibt und übersetzt er Kinderbücher.

Irmgard Paule studierte an der Fachhochschule für Gestaltung in München. Danach arbeitete sie als freischaffende Grafikerin in der Werbung. Seit 1997 illustriert sie Kinderbücher für verschiedene Verlage.

5 Warum ist Paul schlecht gelaunt? (Seite 7)

G: Weil er seinen Fotoapparat vergessen hat.
T: Weil keine Delfine zu sehen sind.
Z: Weil er nicht mit dem Schiff fahren will.

6 Was macht der kleine Delfin mit Pauls Mütze? (Seite 17 – 18)

E: Er setzt sie auf und wirft sie in die Luft.
A: Er schwimmt damit weg.
O: Er macht sie kaputt.

7 Womit spielen Paul, Lisa und der Delfin? (Seite 23)

K: Mit einer gelben Mütze.
R: Mit einem gelben Ball.
P: Mit einem gelben Schuh.

8 Wohin hängt Paul das schönste Bild? (Seite 31)

K: In den Flur.
N: Über das Bett.
P: An die Tür.

BILDERDRACHE

Spiel mit mir, kleiner Delfin

Leserätsel

Wenn du die Geschichten genau gelesen hast, kannst du das Leserätsel sicher ganz leicht lösen. Trage den Buchstaben der richtigen Antwort zu jeder Frage unten im Kästchen ein – und schon erhältst du das Lösungswort!

Viel Spaß beim Rätseln!

1 Was machen die Seehunde auf der Insel? (Seite 6)

S: Sie liegen in der Sonne.
K: Sie spielen.
R: Sie fangen Fische.

2 Warum will der Delfin nicht mit dem Wal spielen? (Seite 19)

A: Der Wal ist zu gemein.
E: Der Wal ist zu groß.
I: Der Wal ist zu schnell.

3 Warum ist die Seejungfrau so traurig? (Seite 32)

E: Sie hat ihre Krone verloren.
A: Sie hat Angst.
O: Sie sucht einen Freund.

4 Was bekommt Tobby von Lissy? (Seite 38)

F: Eine Muschel.
S: Einen Kuss.
B: Ein Boot.

Lösungswort:

S	E	E	S				
1	2	3	4	5	6	7	8

Bildermaus
Geschichten vom kleinen Delfin

Udo Richard wurde 1966 in Halle/Westf. geboren. Er studierte Germanistik in Bamberg und Columbia, S.C.. Danach arbeitete er mehrere Jahre in der Redaktion eines großen Kinderbuchverlags. Seit Mitte 1999 schreibt und übersetzt er Kinderbücher.

Sabine Kraushaar zeichnete schon, als sie gerade mal einen Bleistift festhalten konnte. Ihr großer Traum war, später Kinderbücher zu illustrieren. Sie studierte Grafik an der Kunstakademie in Maastricht. Und 1995 ging ihr Kindheitstraum in Erfüllung.

Masten

Geist

Seetang

Seeigel

Stacheln

Welt

Kuss

Pfeil

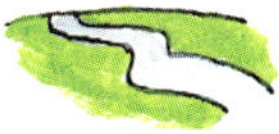
Weg

Tassen

Muschel

Schalen

Gans

See-
pferdchen

Würstchen

Tube

Rakete

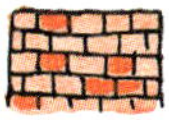
Mauer

Garten-
zwerg

Blitz

Seejungfrau

Tränen

Königin

Krone

Sägefisch

10 Jahre Loewe Leseleiter

Das Erfolgskonzept zum Lesenlernen

Udo Richard • Sabine Kraushaar

Geschichten vom kleinen Delfin

Inhalt

Der kleine Delfin 6
Tobby und die Tierkinder . . . 15
So richtig wild 23
Die traurige Seejungfrau . . . 31

Loewe

Der kleine Delfin

Tobby, der kleine , lebt mit

vielen anderen  im .

Wunderschön ist es hier!

Am strahlend blauen 

fliegen kreischend die .

Auf einer kleinen  liegen

die  faul in der .

Und im  schwimmen

uralte  und riesige .

Ab und zu kommt ein  vorbei.

Wie jetzt gerade!

Neugierig streckt Tobby den 

aus dem  . Ach ja, das 

kennt er schon. Die  darauf

wollen die  und 

beobachten.

Aufgeregt rudern die 

mit den . Sie haben den

kleinen  entdeckt. Viele

von ihnen halten einen 

in der .

„Na, dann mal los!“, sagt sich der kleine . Elegant reitet er auf der großen  vor dem . „Oooh“, staunen die .

Dann schwingt sich Tobby aus

dem  und läuft rückwärts

mit der  über die  .

„Aah“, tönt es vom  .

Nun springt Tobby so hoch, als

wollte er die  berühren.

Platsch!, macht es, als er mit

dem 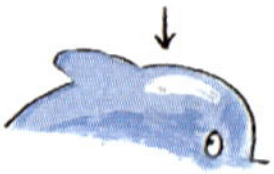 auf das  klatscht.

„Iiih!“, schreien die  .

Sie sind ganz nass geworden.

Tobby reißt den  auf, nickt

mit dem  und lacht keckernd.

Die  stehen da mit

offenem  – dann müssen

sie auch lachen. So einen frechen

kleinen  haben sie noch

nie gesehen!

Tobby und die Tierkinder

Der kleine  stützt den  in die  und denkt nach: „Ich würde ja zu gerne mal mit kleinen  spielen. Oder mit kleinen  ! Am liebsten ‚Fang den  ‘ oder vielleicht auch ‚  versenken‘!“

Der kleine  schwimmt los.

Als Erstes trifft er Kalli  .

Aber komisch! Kalli mag gar

nicht ‚Fang den  ‘ spielen.

Er zwackelt wild mit seinen .

Da schwimmt Tobby lieber schnell weiter. Als Nächstes sieht der kleine  Susi  auf einem  liegen. „Butschi-butschi bäh!“, macht Susi.

„Die ist ja noch ein  !“, denkt der kleine  und schwimmt weiter. Dort, wo das  ganz tief ist, sieht Tobby Willi .

Aber leider ist selbst ein sehr

kleiner  viel zu groß

für einen kleinen  .

Schließlich trifft Tobby Siggi  .

Siggi balanciert einen roten 

auf der  . „Cool!“, sagt Tobby.

„Darf ich auch mal probieren?“

„Klar!“, sagt der kleine  .

Er patscht ihm den  mit

der  zu. Auch Tobby kann

den  balancieren – auf

seinem . „Toll!“, ruft Siggi

und klatscht in die .

Der kleine  und der

kleine  machen ab jetzt

immer alles gemeinsam.

Und ‚Fang den ‘ spielen?

Das tun sie auch!

So richtig wild

Die  lacht vom , ein frischer  kräuselt die , und Tobby fühlt sich stark wie ein . Der kleine  will heute mal so richtig wild sein. Er ballt die  und fletscht übermütig die 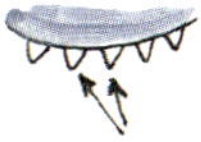.

Dann schießt er wie ein 

durchs  . „Aus dem  ,

ihr trüben  !“, brüllt er. „Oder

wollt ihr mit mir kämpfen?“

Vergnügt gluckst der kleine 

vor sich hin. Da entdeckt er

auf einem  eine  .

„He, du!“, ruft er ihr zu. „Willst

du mit mir kämpfen?“

Die  klappt erschrocken

ihre  zu. „Dumme !“,

denkt der kleine  und

schwimmt weiter.

Da trabt von rechts ein  heran.

„Na, du kleines  ?“, poltert

Tobby. „Wie wär’s, wollen wir

ein bisschen boxen?“

Das  zieht den  ein

und galoppiert eilig davon.

Jetzt drückt Tobby nochmal

richtig auf die . Wie eine 

saust er durchs .

Plötzlich türmt sich eine große

graue 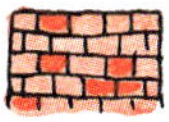 vor ihm auf.

Der kleine  kann gerade

noch bremsen. „Na, du  ?“,

brummt ein riesiger  .

„Willst du etwa mit mir kämpfen?“

„Äh, ich?“, piepst Tobby. „Lieber

nicht!“ Und plötzlich ist der

kleine  wie ein  im

tiefen  verschwunden.

Die traurige Seejungfrau

Auf einem  sitzt eine

kleine  in der  und

weint bittere . Es ist Lissy,

die  des . Tobby streckt

den  aus dem .

„Was ist denn los, Lissy?“, fragt

der kleine  besorgt.

„Ach, Tobby“, schluchzt die

kleine , „ich habe meine 

hier zwischen den  verloren.“

„Ich helfe dir suchen!“, ruft der

kleine  und ist schon in

den  verschwunden.

Er schwimmt zu dem alten  ,

das bei den  gesunken ist.

Hier arbeitet Horst, der  .

Er hat immer viel zu tun. Gerade

sägt er neue  zurecht.

„Hast du zufällig Lissys 

gesehen?“, fragt Tobby.

„Nee“, knurrt der  und

sägt weiter.

Glibby, die , weiß auch

von nichts. Sie schüttelt nur

traurig den  und wallt wie

ein  davon.

Plötzlich sieht Tobby etwas

im  blitzen. Da ist Ingo,

der 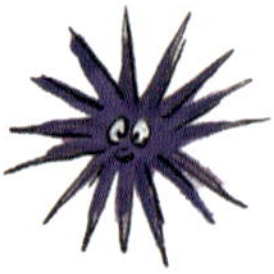. In seinen  hat

sich Lissys  verfangen.

„Danke!“, ruft der 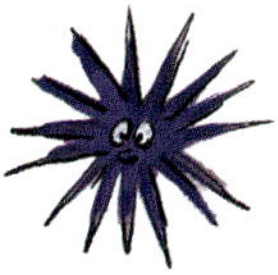, als ihn

Tobby von der schweren 

befreit. „Danke! Danke!“, jubelt

auch die kleine  erleichtert.

Die  glitzert endlich wieder

auf ihrem  . „Ach, Tobby,

du bist der liebste  auf der

ganzen  !“, sagt Lissy.

Dann umarmt sie ihn und gibt

ihm einen dicken  .

Die Wörter zu den Bildern:

 Delfin

 Schildkröten

 Meer

 Wale

 Himmel

 Schiff

 Möwen

 Kopf

 Insel

 Menschen

 Seehunde

 Arme

 Sonne

 Fotoapparat

 Wasser

 Hand

	Welle		Scheren
	Schwanz- flosse		Seestern
	Wolken		Felsen
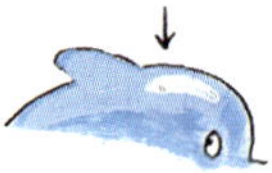	Rücken		Baby
	Schnabel		Ball
	Mund		Nase
	Flossen		Wind
	Krebs		Stier
	Quallen		Zähne